Ercüment Gök

Welchen Einfluss hat die Work-Life-Balance auf die Mitarbeitermotivation?

Vereinbarkeit von Berufs- und Privatleben

Bibliografische Information der Deutschen Nationalbibliothek:

Die Deutsche Nationalbibliothek verzeichnet diese Publikation in der Deutschen Nationalbibliografie; detaillierte bibliografische Daten sind im Internet über http://dnb.d-nb.de abrufbar.

Impressum:

Copyright © Studylab 2018

Ein Imprint der Open Publishing GmbH

Druck und Bindung: Books on Demand GmbH, Norderstedt, Germany

Coverbild: Open Publishing GmbH| Freepik.com | Flaticon.com | ei8htz

Inhaltsverzeichnis

Abbildungsverzeichnis

1 Einleitung

1.1 Problemstellung und Zielsetzung

In den letzten Jahren hat das Thema Work-Life-Balance, also die Vereinbarkeit von Berufs- und Privatleben, in der Personalpolitik zunehmend an Bedeutung gewonnen. Mittlerweile ist die Work-Life-Balance in vielen Firmen zu einem festen Bestandteil der Unternehmens-Philosophie geworden.[1] Die Gründe dafür sind vielfältig: die demografische Entwicklung unserer Gesellschaft, der gesellschaftliche Wertewandel, die zunehmende Globalisierung sowie der ständige technische Fortschritt. Immer mehr Unternehmen erkennen, dass die von ihnen angebotenen Maßnahmen zur Erreichung der Balance zwischen Beruf- und Privatleben für ihr Image von erheblicher Bedeutung sind.[2]

In der vorliegenden Arbeit wird die Wichtigkeit der Work-Life-Balance für die Mitarbeitermotivation in Orientierung an folgender Leitfrage ergründet:

Welchen Einfluss hat die Work-Life-Balance auf die Mitarbeitermotivation?

Aufgrund der begrenzten Seitenzahl werden lediglich die wichtigsten betrieblichen Maßnahmen sowie die klassischen Theorien der Work-Life-Balance näher betrachtet.

1.2 Gang der Untersuchung

Die folgenden Ausführungen sind in zwei Abschnitte unterteilt:

Im ersten Abschnitt werden die theoretischen Grundlagen einer Work-Life-Balance aufbereitet. Dabei geht es zunächst um die begriffliche Fassung dieses Konzepts. Sodann werden Gründe erläutert, die Unternehmen zur Einführung der Work-Life-Balance veranlassen. Anschließend wird dargelegt, durch welche betrieblichen Maßnahmen Unternehmen versuchen, ihren Mitarbeitern ein ausgewogenes Verhältnis zwischen Berufs- und Privatleben zu gewährleisten. Abschließend werden die theoretischen Grundlagen mit den Aspekten der klassischen Theorien komplettiert.

Im zweiten Abschnitt wird eine empirische Erhebung, vorgestellt, die zum Zwecke der Erkundung von Einstellungen zur Work-Life-Balance durchgeführt wurde. Zu

---

[1] Vgl. Müller (2016), S. 58.
[2] Vgl. Kruse (2009), S. 1.

diesem Zweck wird zunächst auf die Methodik eingegangen und anschließend der Fragebogen ausgewertet. Auf dem Hintergrund der dabei gewonnenen Erkenntnisse werden sodann Handlungsempfehlungen ausgesprochen, die auf eine Optimierung der Work-Life-Balance abzielen. Im Schlussteil der Arbeit wird zum einen die eingangs gestellte Leitfrage beantwortet, zum anderen wird die empirische Erhebung einer kritischen Würdigung unterzogen. Schließlich werden in einer kurzen Zusammenfassung die wichtigsten Ergebnisse der vorliegenden Untersuchung resümiert und es werden Vermutungen über die zukünftige Entwicklung der Work-Life-Balance angestellt.

2 Theoretische Grundlagen zum Thema Work-Life-Balance

2.1 Entstehungsgeschichte und begriffliche Bestimmung

Die ersten Work-Life-Balance-Konzepte entstanden Anfang der 70er Jahre in den USA. Es waren Versuche, der immer lauter werdenden Forderung nach einer Humanisierung der Arbeit durch eine menschenwürdigere Gestaltung der Arbeitsplätze zu entsprechen. Das Ziel dabei war, eine physische und psychische Überforderung der Mitarbeiter zu verhindern.[3] Neben der Psychologie und der Soziologie befasste sich zunehmend auch die Betriebswirtschaftslehre mit der Frage, wie eine bessere Vereinbarkeit von Berufsleben und Privatleben erreichbar sei.[4] Während sich Psychologen und Soziologen hauptsächlich dafür interessierten, wie sich die Work-Life-Balance auf das Individuum und seine Umwelt auswirkt, betrachtet und analysiert die Betriebswirtschaftslehre Work-Life-Balance als ein personalpolitisches Instrument: Ihr geht es darum, praxisnahe Konzepte zur Optimierung des Verhältnisses von Beruf und Privatleben zu erarbeiten.[5] In Deutschland tauchte das Konzept der Work-Life-Balance erstmals in den 90er Jahren auf. Zu dieser Zeit drängten immer mehr gut ausgebildete Frauen auf den Arbeitsmarkt und immer mehr Männer äußerten den Wunsch nach einer „engagierten Vaterschaft".[6]

Für den Begriff Work-Life-Balance liegen zahlreiche Definitionen vor und somit existiert keine einheitliche Definition. Eine Wort-für-Wort-Übersetzung des englischen Begriffs Work-Life-Balance ins Deutsche ergibt, dass es um das Arbeit-Leben-Gleichgewicht geht.[7] Mag diese Übersetzung auch wenig ansprechend sein, so konfrontiert sie uns doch mit drei wesentlichen Teil-Konzepten, auf die im Weiteren kurz eingegangen werden soll, um zu einem besseren Verständnis der gesamten Problematik zu gelangen.

Der Begriff Arbeit hat seinen Ursprung im Althochdeutschen und bedeutete dort „Mühe" und „Plagen".[8] Infolge des Strukturwandels der Arbeit wird der Begriff Arbeit inzwischen nicht mehr primär als notwendiges Übel zum Zwecke der Existenzsicherung angesehen, sondern eher mit der Möglichkeit der Selbstverwirklichung

---

[3] Vgl. Klimpel/Schütte (2006), S. 24.
[4] Vgl. Schnieder (2013), S. 36.
[5] Vgl. Binninger (2014), S. 3.
[6] Vgl. Aritürk (2013), S. 6.
[7] Vgl. Michalk/Nieder (2007), S. 21.
[8] Vgl. Kastner (2004), S. 3.

assoziiert. In der Debatte um die Work-Life Balance wird Arbeit häufig als Erwerbsarbeit verstanden.[9] Befassen wir uns kurz mit dem zweiten Teil-Konzept der deutschen Übersetzung, nämlich mit dem Begriff Leben. Gemeint ist damit zunächst die
biologische Zeitspanne zwischen Geburt und Tod.[10] Im Kontext der Debatte um die
Work-Life-Balance versteht man darunter alle Lebensbereiche, die außerhalb der
Erwerbsarbeit angesiedelt sind, also beispielsweise Regenerationszeit oder Freizeit.[11] Kommen wir schließlich noch zum Teil-Konzept Balance. Dieser Begriff hat
seinen Ursprung in der Artistensprache des 17. Jahrhunderts und wird oftmals als
Gleichgewicht im Sinne einer Waage verstanden. Im Zusammenhang mit der Work-
Life-Balance bedeutet dies, dass alle Lebensbereiche einen ausgewogenen Anteil
an der Lebenszeit einnehmen sollten. Dabei sei darauf zu achten, dass die Gewich-
tung den individuellen Vorstellungen und Wünschen der Personen angepasst wird,
da die subjektiven Bedürfnisse von Mensch zu Mensch variieren.[12]

Oben war bereits davon die Rede, dass in der einschlägigen Fachliteratur zahlreiche Definitionen des Begriffs Work-Life-Balance anzutreffen sind. Abschließend
seien einiger dieser Begriffsbestimmungen exemplarisch angeführt, die für die sich
anschließenden Ausführungen von einiger Bedeutung sind. So schreibt etwa Kerstin Freier in einer Publikation aus dem Jahr 2005:

„Work-Life-Balance heißt: den Menschen ganzheitlich zu betrachten (als Rollen-
und Funktionsträger) im beruflichen und privaten Bereich (der Lebens- und Arbeitswelt) und ihm dadurch die Möglichkeit zu geben, lebensphasenspezifisch und
individuell für beide Bereiche die anfallenden Verpflichtungen und Interessen er-
füllen zu können, um so dauerhaft gesund, leistungsfähig, motiviert und ausgegli-
chen zu sein."[13]

Diese Definition fokussiert die Rollen und Funktionen der Menschen in den Bereichen Beruf und Privatleben.[14] Im Gegensatz dazu betrachtet die folgende Begriffs-
bestimmung des Bundesministeriums für Familie, Senioren, Frauen und Jugend die
Work-Life-Balance primär in betriebswirtschaftlicher Perspektive:

---

[9] Vgl. Spatz (2014), S. 9.
[10] Vgl. Zaugg (2006), S. 7.
[11] Vgl. Kruse (2009), S. 16.
[12] Vgl. Blahopoulou (2012), S. 55.
[13] Quelle: Freier (2005), S. 21.
[14] Vgl. Michalk/Nieder (2009), S. 110.

„Work-Life-Balance bedeutet eine neue, intelligente Verzahnung von Arbeits- und Privatleben vor dem Hintergrund einer veränderten und sich dynamisch verändernden Arbeits- und Lebenswelt. Betriebliche Work-Life-Balance Maßnahmen zielen darauf ab, erfolgreiche Berufsbiografien unter Rücksichtnahme auf private, soziale, kulturelle und gesundheitliche Erfordernisse zu ermöglichen."[15]

Eine effektive Work-Life-Balance ist nach diesem Verständnis dann erreicht, wenn eine erfolgreiche Kombination des Arbeits- und Privatlebens gegeben ist.[16]

2.2 Gründe für die Einführung

Die Work-Life-Balance unterliegt den Einflüssen der permanenten Veränderungen der gesellschaftlichen und ökonomischen Situation. Beobachtbar ist, dass die täglichen Herausforderungen für Unternehmen und ihre Beschäftigten wachsen. Mitarbeiter in Unternehmen, die diesen Herausforderungen standhalten wollen, müssen ein hohes Maß an Flexibilität und Lernbereitschaft zeigen, um sich auf die aktuellen Fortschritte einzustellen.[17]

In der folgenden Abbildung sind die wichtigsten Gründe, die zur Einführung der Work-Life-Balance geführt haben, graphisch dargestellt. Anschließend werden diese Gründe im Einzelnen näher erläutert:

---

[15] Quelle: Collatz/Gudat (2011), S. 5f.
[16] Vgl. Stor (2014), S. 5.
[17] Vgl. Freier (2005), S. 74.

Abbildung 1: Gründe zur Einführung der Work-Life-Balance[18]

Demografische Entwicklung

Der Begriff demografische Entwicklung bezeichnet die Veränderung der Zusammensetzung der Altersstruktur einer Gesellschaft. Eine solche Entwicklung, die auch in der Bevölkerungsstruktur Deutschlands zu beobachten ist, wird im Wesentlichen von drei Faktoren beeinflusst: Erstens von der Fertilitätsrate, die die Geburtenentwicklung der Bevölkerung im reproduktiven Alter beschreibt. Zweitens von der Lebenserwartung, womit die statistisch zu erwartende Zeitspanne des Lebens gemeint ist. Drittens von der Migration, d.h. von der Bevölkerungsbewegung über Landesgrenzen hinweg. Die demografische Entwicklung beschreibt somit die Veränderungen von Bevölkerungsstrukturen und -größen durch veränderte Geburten- und Sterbezahlen sowie Wanderungen.[19] Die Unternehmen haben das Ziel, angesichts des demografischen Wandels, die Mitarbeiterzufriedenheit zu erhöhen und somit ihre Mitarbeiter langfristig an das Unternehmen zu binden.[20] Den Prognosen zufolge kommt es in Deutschland bis zum Jahre 2050 zu einem Bevölkerungsrückgang von derzeit ca. 83 Millionen Einwohnern auf knapp 74 Millionen bei einer Steigerung der durchschnittlichen Lebenserwartung. Somit verringert

---

[18] Eigene Darstellung.
[19] Vgl. Binninger (2014), S. 13.
[20] Vgl. Aritürk (2013), S. 4.

sich die Bevölkerung beträchtlich und entsprechend die Anzahl der erwerbsfähigen Personen. Infolge der steigenden Lebenserwartung und der vergleichsweise geringen Anzahl an Geburten wird die deutsche Gesellschaft deutlich altern. Konkret heißt dies etwa, dass der Anteil der über 64-Jährigen doppelt so hoch sein wird wie der Anteil der Menschen unter 18 Jahre.[21] Durch die zunehmende Alterung der Bevölkerung wächst die Bedeutung der Pflege älterer Menschen und immer mehr Beschäftigte müssen sich um ihre pflegebedürftigen Eltern kümmern. Wenn Gesundheit und Arbeitsfähigkeit der Menschen bis ins hohe Alter erhalten bleiben sollen, muss über Maßnahmen zur Gewährleistung der Work-Life-Balance nachgedacht werden. Dieser Umstand ist zweifelsfrei dem demografischen Wandel in unserer Gesellschaft geschuldet.[22]

Gesellschaftlicher Wertewandel

Rolf Wunderer, seit 2002 Partner des Instituts für Führung und Personalmanagement in St. Gallen, charakterisiert den Begriff Wertewandel wie folgt:

> „Von Wertewandel spricht man, wenn sich neue Werte in der Gesellschaft bilden, andere verschwinden oder wenn die Intensität bestimmter Werte zu- oder abnimmt bzw. deren Rangordnung sich verändert."[23]

Zweifelsfrei haben sich die Einstellungen der Menschen zum Leben und zur Arbeit in den letzten Jahren und Jahrzehnten grundlegend geändert. Dieser Wertewandel wurde durch den zunehmenden Wohlstand der Gesellschaft ausgelöst; immer mehr Menschen streben nach mehr Lebensqualität und einem höheren Bildungsniveau.[24] Ein weiterer Grund für den gesellschaftlichen Wertewandel ist, dass sich die Rolle der Frau im Laufe der Zeit verändert hat. Die Anzahl der erwerbstätigen Frauen in Unternehmen steigt und diese Frauen legen großen Wert auf eine gute Berufsausbildung und Qualifikation.[25] Viele Menschen in unserer heutigen Gesellschaft identifizieren sich über ihren Beruf. Dementsprechend bildet die Erwerbsarbeit eine wichtige Basis für die Einschätzung des eigenen Selbstwertes.[26]

Globalisierung

---

[21] Vgl. Thiele (2009), S. 13.
[22] Vgl. Kühl (2015), S. 7.
[23] Quelle: Wunderer (2000), S. 173.
[24] Vgl. Schnieder (2013), S. 23.
[25] Vgl. Rolle (2013), S. 9.
[26] Vgl. Klimpel/Schütte (2006), S. 31.

Der Begriff Globalisierung bezeichnet die Veränderung der Weltwirtschaft, die zu mehr länderübergreifenden Verflechtungen in allen Bereichen (z.B. Kultur und Wirtschaft) führt. Beispiele für Globalisierung sind die Intensivierung weltweiter sozialer Beziehungen sowie die weltweite Verschmelzung von Märkten und Unternehmen.[27] Die zunehmende Globalisierung führt zu einer Veränderung der Wettbewerbssituation für Unternehmen und wirkt sich auf alle Lebensbereiche aus. Besonders betroffen davon ist die Arbeitswelt. Durch die Nutzung neuer Kommunikationswege treten immer mehr neue Wettbewerber auf den Märkten auf. Dementsprechend steigt weltweit die Konkurrenz, was dazu führt, dass die Unternehmen einem hohen Innovationsdruck ausgesetzt sind.[28] Unternehmen sind gefordert, zielgerichtete Lösungsansätze zur besseren Vereinbarkeit von Beruf und Familie in einer globalisierten Wirtschaft zu finden. Somit präsentiert sich das Unternehmen auf dem Arbeitsmarkt als ein interessanter Arbeitgeber und kann sein Personal langfristig binden.[29]

Technologischer Fortschritt

Der rasche technologische Fortschritt der vergangenen Jahrzehnte ist in beträchtlichem Maße auf die soeben charakterisierte Globalisierung zurückzuführen. Vor allem in den Bereichen Kommunikation und Information hat es rapide technologische Fortschritte gegeben. Die modernen Kommunikationstechnologien entwickeln sich in rasanter Geschwindigkeit.[30] Daniel Bell, ein US-amerikanischer Soziologe, beschreibt den technologischen Fortschritt folgendermaßen:

> „Einführung neuer Methoden und Verbesserung der Organisationen zur Hebung der Effizienz des alten wie des neuen Kapitals."[31]

Obwohl Bells Definition vor mehr als 30 Jahren entstand, beschreibt sie zutreffend, was auch heutzutage in der Gesellschaft unter technologischem Fortschritt Verstanden wird. Da inzwischen nahezu jeder mit moderner Technologie (z.B. Internet, Handy und Laptop) ausgestattet ist, erwarten viele Unternehmen, dass ihre Mitarbeiter ständig erreichbar sind, und zwar auch außerhalb der Arbeitszeit. Dies hat Auswirkungen auf die Mitarbeiter, etwa in der Form, dass viele Arbeitnehmer einen andauernden Stress verspüren. Durch die Förderung der Work-Life-Balance

---

[27] Vgl. Schnieder (2013), S. 24.
[28] Vgl. Schnieder (2014), S. 5.
[29] Vgl. Thiele (2009), S. 1.
[30] Vgl. Spatz (2014), S. 2.
[31] Quelle: Bell (1985), S. 196.

kann zu einem der Leistungsdruck der Mitarbeiter gesenkt und auf der anderen Seite die Freizeit flexibler gestaltet werden.[32]

2.3 Betriebliche Maßnahmen

Eine Vielzahl von Unternehmen bietet unterschiedliche Maßnahmen an, um Arbeitnehmer bei der täglichen Herausforderung der Herstellung einer Balance zwischen Berufs- und Privatleben zu fördern.[33] Die Einführung von Work-Life-Balance-Maßnahmen ist ein schwieriges und komplexes Vorhaben, da zunächst die individuellen Bedürfnisse der Mitarbeiter festgestellt werden müssen. Dadurch entsteht ein erhöhter Organisations- und Koordinationsaufwand für die Arbeitgeber. Andererseits können aber durch unterstützende Programme des Unternehmens das Potential der Arbeitnehmer erhöht und der Wiedereintritt in den Beruf beschleunigt werden.[34]

Die nachfolgende Abbildung zeigt mögliche betriebliche Maßnahmen zur Verbesserung der Work-Life-Balance, die in primäre, sekundäre und tertiäre Maßnahmen unterschieden werden. Aus der Fülle solcher Maßnahmen werden im Weiteren einige exemplarisch herausgegriffen und näher erläutert.

---

[32] Vgl. Klimpel/Schütte (2006), S. 35f.
[33] Vgl. Ulich/Wiese (2011), S. 218.
[34] Vgl. Collatz/Gudat (2011), S. 56.

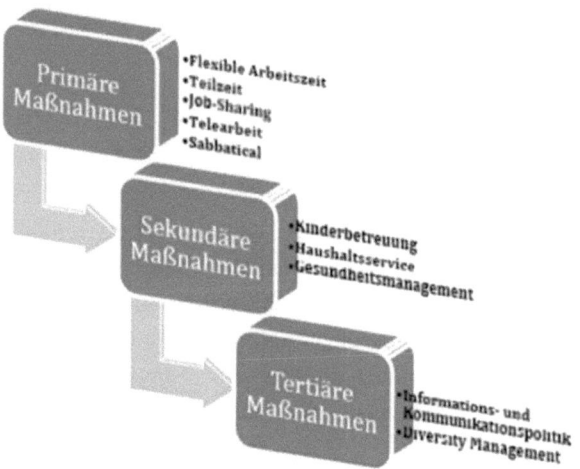

Abbildung 2: Kategorisierung der verschiedenen Work-Life-Balance-Maßnahmen[35]

Primäre Maßnahmen

Primäre Work-Life-Balance-Maßnahmen betreffen die Beschäftigten und ihre Arbeit direkt. Dabei geht es um Faktoren wie Arbeitszeit, Arbeitsort, Arbeitsabläufe, Arbeitsinhalte und Arbeitsorganisation.[36]

Flexible Arbeitszeit:

Zu den wichtigsten und am weitesten verbreiteten Maßnahmen zur Vereinbarkeit von Familie und Beruf zählt die Arbeitszeitflexibilität. Besonders von Mitarbeitern wird eine solche Flexibilität wertgeschätzt und gewünscht. Entsprechend können flexible Arbeitszeitmodelle als ein eigenes Handlungsfeld der Work-Life-Balance angesehen werden.[37] Für die Einführung von flexiblen Arbeitszeiten spricht, dass betriebliche Abläufe optimiert und die Produktivität gesteigert werden kann. Ein weiterer Vorteil ist, dass die Mitarbeiter durch flexible Arbeitszeiten einen Zuwachs an Eigenverantwortung und Motivation erfahren.[38]

---

[35] Eigene Darstellung.
[36] Vgl. Dorniok (2014), S. 16.
[37] Vgl. Ulich/Wiese (2011), S. 219.
[38] Vgl. Rolle (2013), S. 45f.

Teilzeit:

Teilzeitarbeit hat in den letzten Jahren im Kontext der Work-Life-Balance zunehmend an Bedeutung gewonnen. Eine Teilzeitbeschäftigung liegt vor, wenn die Wochenarbeitszeit kürzer ist als die eines vollzeitbeschäftigten Mitarbeiters. Seit 2001 haben Arbeitnehmer ab einer halbjährigen Beschäftigungsdauer in Unternehmen mit mindestens 15 Beschäftigten und einer dreimonatigen Kündigungsfrist einen rechtlichen Anspruch auf eine Teilzeitbeschäftigung.[39] Einer der Hauptgründe für das Interesse an der Halbtagsbeschäftigung ist, dass mehr Zeit für die Betreuung von Kindern oder pflegebedürftiger Menschen bleibt. Durch das Angebot von Teilzeitbeschäftigungen ermöglichen Unternehmen ihren Mitarbeitern, eine bessere Balance zwischen Berufs- und Privatleben zu erwirken. Nicht unwesentlich ist natürlich auch, dass durch Teilzeitarbeit mehr Menschen auf dem Arbeitsmarkt beschäftigt werden.[40] Nachteilig an einer dauerhaften Teilzeitbeschäftigung ist, dass Karrieremöglichkeiten in Gefahr geraten können, da lange, kontinuierliche Arbeitszeiten eine symbolische Bedeutung in der heutigen Gesellschaft haben. Ein großer Vorteil hingegen ist, dass Mitarbeiter in Teilzeit-Beschäftigungen erholter wirken.[41]

Jobsharing:

Jobsharing ist eine Sonderform der Teilzeitarbeit, in der zwei oder mehr Arbeitskräfte eine begrenzte Anzahl an Arbeitsplätzen unter sich aufteilen. Teilzeitkräfte können somit mehr Verantwortung übernehmen, indem sie sich beispielsweise führend in Vollzeitprojekten engagieren. Dabei ist allerdings darauf zu achten, dass sich die Mitarbeiter regelmäßig abstimmen.[42] Ein großer Vorteil für die Mitarbeiter ist, dass sie ihren Arbeitsplan selbst bestimmen und somit das Privatleben besser organisieren können. Auch die Unternehmen profitieren von diesem Modell, da der Arbeitsplatz den ganzen Tag besetzt ist. Ein weiterer Vorteil auf der Unternehmensseite ist, dass Urlaubs- und Krankheitstage durch das Jobsharing überbrückt werden können. Ein Praxisbeispiel für erfolgreiches Jobsharing stellt die Commerzbank AG da, die ihren Teilzeitkräften viel Freiraum für Familie und Privatleben durch Jobsharing gewährt.[43]

---

[39] Vgl. Kruse (2009), S. 38.
[40] Vgl. Stor (2014), S. 41.
[41] Vgl. Dorniok (2014), S. 49f.
[42] Vgl. Wanger (2006), S. 14.
[43] Vgl. Klimpel/Schütte (2006), S. 65f.

Telearbeit:

Telearbeit ermöglicht die Flexibilisierung des Arbeitsortes. Hierbei wird die Erwerbsarbeit, die durch informations- und kommunikationstechnologische Hilfsmittel unterstützt wird, außerhalb des Unternehmens ausgeführt. Durch den technologischen Fortschritt ist das Arbeiten an diversen Orten wie beispielweise im Flugzeug, im Auto oder von zuhause aus möglich. Von Telearbeit spricht man, wenn ein Mitarbeiter mindestens 20% seiner Arbeitszeit außerhalb des Unternehmens arbeitet.[44] Ein Nachteil der Telearbeit ist, dass die Mitarbeiter durch den isolierten Arbeitsplatz nicht mehr vollständig in das betriebliche Geschehen eingebunden sind. Dies kann zur sozialen Isolierung führen. Ein wesentlicher Vorteil für die Arbeitnehmer ist, dass Zeit und Geld für Pendelfahrten gespart wird. Zudem kann ein Mitarbeiter aufgrund der ihm vertrauten Umgebung leistungsorientierter arbeiten. Unternehmen können durch Telearbeit an Büroflächen einsparen.[45]

Sabbatical:

Arbeitnehmer, die ein Sabbatical für sich in Anspruch nehmen, lassen sich für einen begrenzten Zeitraum, in der Regel zwischen drei bis zwölf Monaten, von der Arbeit freistellen. Während dieser Zeit bleiben sie weiterhin Angestellte des Unternehmens. In dieser freien Zeit haben sie die Möglichkeit, sich beispielsweise mehr um die Familie zu kümmern oder Fortbildungsangebote zu nutzen. Nach der festgelegten Zeit kehren die Mitarbeiter – so ist zumindest die Idee - erholt und mit neuer Motivation wieder in den Betrieb zurück. Beweggründe, sich für ein Sabbatical zu entscheiden, sind zu einem der steigende Stress im Beruf und zum anderen die Motivationslosigkeit im Alltag.[46] Sabbaticals bieten den Vorteil, dass Überlastungen vermindert und ein drohender Burnout verhindert werden kann. Zudem werden die Mitarbeiter stärker an das Unternehmen gebunden und sind erfahrungsgemäß motivierter, da ihnen der nötige Freiraum zur Wahrnehmung ihrer privaten Interessen und Angelegenheiten gewährt wird. Somit kann ein Sabbatical als eine gute Möglichkeit angesehen werden, die Balance von Arbeit und Privatleben wieder ausgewogener zu gestalten.[47] Ein Praxisbeispiel liefert die Deutsche Telekom AG, die ihren Beschäftigten die Möglichkeit gibt, ein Sabbatical in Anspruch zu nehmen.

---

[44] Vgl. Michalk/Nieder (2007), S. 100f.
[45] Vgl. Collatz/Gudat (2011), S. 57.
[46] Vgl. Spatz (2014), S. 53f.
[47] Vgl. Rudholzer (2015), S. 20.

Indem das Unternehmen dieses Angebot unterbreitet, erhöht es seine Attraktivität und kann darauf hoffen, qualifiziertes Personal langfristig an sich zu binden.[48]

Im Weiteren werden exemplarisch einige sekundäre Maßnahmen zur Verbesserung der Work-Life-Balance vorgestellt und erläutert.

Sekundäre Maßnahmen

Sekundäre Work-Life-Balance-Maßnahmen fördern die Umsetzung primärer Maßnahmen und beinhalten die soziale sowie finanzielle Unterstützung der Mitarbeiter. Solche sekundären haben zweifellos einen Einfluss auf die Work-Life-Balance, betreffen aber nicht unmittelbar die Arbeit selbst.[49]

Kinderbetreuung:

Die betriebliche Kinderbetreuung stellt eines der größten Themenkomplexe innerhalb der familienorientierten Familienpolitik dar. Immer mehr Unternehmen beschäftigen sich mit der Möglichkeit, eine Kinderbetreuung in ihrem Betrieb einzuführen, um den Mitarbeitern eine bessere Vereinbarkeit von Berufs- und Privatleben zu ermöglichen.[50] Als Praxisbeispiel für eine gelungene betriebliche Kinderbetreuung kann die Gerhard Rösch GmbH genannt werden, die ihren Mitarbeitern eine kostenlose Ganztagskinderbetreuung durch qualifizierte Fachkräfte anbietet.[51] Ein betrieblicher Kindergarten kann meistens aufgrund der damit verbundenen vergleichsweise hohen Kosten nur durch große Konzerne angeboten und eingerichtet werden. Für mittlere und kleinere Unternehmen besteht dagegen die Möglichkeit, beispielsweise in Kooperation mit benachbarten Unternehmen eine Kinderbetreuung einzurichten. Dadurch werden die Kosten auf mehrere Unternehmen verteilt.[52] Weitere Beispiele für Angebote zur Kinderbetreuung sind die Einrichtung einer Kindernotfallbetreuung, die Eltern-Kind-Arbeitsplätze, die Förderung von Elterninitiativen und die Ferienbetreuung.[53] Durch die betriebliche Kinderbetreuung können Fehlzeiten reduziert werden und die Arbeitnehmer können sich weniger stressbelastet auf ihre Aufgaben im Unternehmen konzentrieren. Auf diese Weise entsteht für Arbeitnehmer und Arbeitgeber eine „Win-Win-Situation". Wissenschaftliche Untersuchungen haben ergeben, dass die Arbeitszufriedenheit

---

[48] Vgl. Michalk/Nieder (2007), S. 99.
[49] Vgl. Rolle (2013), S. 35.
[50] Vgl. Schnieder (2013), S. 57f.
[51] Vgl. Klimpel/Schütte (2006), S. 107f.
[52] Vgl. Ulich/Wiese (2011), S. 222.
[53] Vgl. Collatz/Gudat (2011), S. 62.

von Mitarbeitern steigt, sobald deren Kinder in einer betrieblichen Kinderbetreuung untergebracht sind.[54] Unternehmen, die ein solches Angebot unterbreiten, verbessern nachweislich ihr Image und erlangen für qualifizierte Beschäftigte eine hohe Anziehung als attraktiver Arbeitgeber. Wenn man bedenkt, dass aufgrund des bestehenden Fachkräftemangels die Konkurrenz zwischen den Unternehmen stetig zunimmt, so ist nachvollziehbar und sicherlich auch ratsam, dass Unternehmen versuchen, Arbeitnehmer mit Kindern durch das Angebot der Kinderbetreuung langfristig an das Unternehmen zu binden.[55] Zudem ermöglichen Kinderbetreuungen Frauen, insbesondere Frauen mit Kindern im Alter von bis zu drei Jahren, die Wiederaufnahme einer Erwerbstätigkeit. Sie können ihre Kinder mit zur Arbeit nehmen. Dies führt naturgemäß zu kürzeren Bring- und Holzeiten und senkt den organisatorischen Aufwand, den der Alltag ihnen abverlangt, erheblich.[56]

Haushaltsservice:

Neben der Kinderbetreuung nehmen haushaltsnahe Dienstleistungen beachtliche Zeit in Anspruch. Insbesondere lange Arbeitszeiten erschweren die Erledigung von Verrichtungen im Haushalt wie Einkaufen, Putzen, Bügeln usw. In Familien oder Partnerschaften ist dies ein häufiger Streitfaktor, der die Nerven strapaziert.[57] Zur Vermeidung solcher Konflikte können Unternehmen beispielsweise mit Dienstleistern wie Gebäudereinigern, Wäschereien, Bügelservices, Einkaufsservices, Hausmeistereien, Apothekenholdiensten u.a. Verträge abschließen und kostengünstige Konditionen aushandeln. Bereits jetzt versuchen zahlreiche Unternehmen, solche Maßnahmen mithilfe eigenen Personals oder externer Dienstleister anzubieten.[58] Auf diese Weise wollen sie die Bedingungen dafür schaffen, dass sich die Mitarbeiter ganz auf ihre Arbeit konzentrieren können.[59]

Gesundheitsmanagement:

Für Unternehmen gehören gesunde und motivierte Mitarbeiter zu den wichtigsten Voraussetzungen dafür, im Wettbewerb gegen Konkurrenten bestehen zu können. Neben der physischen Gesundheit spielt dabei auch das psychische und soziale Wohlbefinden der Arbeitnehmer eine zentrale Rolle. Psychische Belastungen am Arbeitsplatz, wie beispielsweise Burnout und Stress, haben in den letzten Jahren

---

[54] Vgl. Stor (2014), S. 47.
[55] Vgl. Honeck (2014), S. 23.
[56] Vgl. Dorniok (2014), S. 124.
[57] Vgl. Spatz (2014), S. 59.
[58] Vgl. Klimpel/Schütte (2006), S. 91f.
[59] Vgl. Dorniok (2014), S. 69.

einen enormen Bedeutungszuwachs erfahren. Solche Belastungen entstehen durch mehr Verantwortung und Selbständigkeit auf Seiten der Arbeitnehmer.[60] Aufgrund dieser Entwicklungen haben viele Unternehmen erkannt, dass sich ein positiver Gesundheitszustand vorteilhaft auf eine ausgewogene Work-Life-Balance auswirkt. Zu den Maßnahmen, die Unternehmen im Rahmen des Gesundheitsmanagements durchführen können, gehört beispielsweise, dass sie für ihre Mitarbeiter Vergünstigungen bei öffentlichen Studios aushandeln oder durch Betriebssportangebote die Teamarbeit stärken.[61] Exemplarisch sei die Bertelsmann AG sowie das Unternehmen Google genannt. Während Bertelsmann versucht, durch betriebliche Sportprogramme und gemeinsame Freizeitveranstaltungen die Teamarbeit zu fördern, bietet Google u.a. Kurse über Stressmanagement an, die während der Arbeitszeit von den Arbeitnehmern kostenlos genutzt werden können. Durch diese Maßnahmen konnten bei älteren Mitarbeitern die Fehlzeiten reduziert werden.[62]

Tertiäre Maßnahmen

Tertiäre Work-Life-Balance-Maßnahmen unterstützen die primären und sekundären Maßnahmen. Sie zielen darauf ab, eine grundsätzlich Einstellung des Unternehmens zum Thema Work-Life-Balance zu erzeugen und zu kommunizieren.[63]

Informations- und Kommunikationspolitik:

Oftmals werden vorhandene Work-Life-Balance-Maßnahmen nicht in Anspruch genommen, weil niemand oder nur wenige Mitarbeiter wissen, dass es diese Maßnahmen gibt. Entsprechend ist nicht nur die Bereitstellung solcher Angebote entscheidend, sondern auch, dass sie seitens der Unternehmen als familienfreundliche personalpolitische Maßnahmen bekannt gemacht werden. Beispiele für tertiäre Maßnahmen der Informations- und Kommunikationspolitik sind die Erstellung und Verbreitung von Informationsbroschüren, Veranstaltungen wie „Tag der offenen Tür", die Publikation von Rundschreiben oder die Veröffentlichung von Berichten in Betriebszeitungen.[64] Auf diese Weise werden Mitarbeiter von Unternehmen über familienfreundliche Maßnahmen und Einrichtungen wie betriebliche Kinderbetreuung, Gesundheitsförderung oder haushaltsnahe Dienstleistungen informiert. Für Unternehmen haben tertiäre Maßnahmen den Vorteil, dass sie deren

---

[60] Vgl. Michalk/Nieder (2007), S. 105.
[61] Vgl. Schnieder (2013), S. 50.
[62] Vgl. Rudholzer (2015), S. 30.
[63] Vgl. Dorniok (2014), S. 16.
[64] Vgl. Honeck (2014), S. 19.

Image in der breiten Öffentlichkeit verbessern können und dadurch mit dazu beitragen, dass gut ausgebildete Fachkräfte angezogen werden.[65]

Diversity Management:

Von Silke Michalk und Peter Nieder, Verfasser des Buches „Modernes Personalmanagement", wird das Diversity Management folgendermaßen charakterisiert:

> „Diversity-Management als Konzept der Unternehmensführung ist das Paket aller
> personalwirtschaftlichen Maßnahmen und Methoden, welche darauf abzielen, die be-
> schriebene personelle Vielfalt, die Unterschiedlichkeit und Andersartigkeit der Be-
> legschaft in der Organisation zu etablieren, anzuerkennen, wertzuschätzen und zur
> Steigerung der Effizienz und des Unternehmenserfolges zu nutzen, und zwar unter
> interner und externer Berücksichtigung aller am Unternehmen beteiligten Personen
> (beispielsweise Mitarbeiter, Kunden)."[66]

Diversity Management ist somit ein Konzept der Unternehmensführung. Es verfolgt das Ziel, die Heterogenität der Menschen in einem Unternehmen, also deren
Unterschiedlichkeit hinsichtlich Geschlecht, Alter oder ethnische Herkunft, zum
Vorteil des Unternehmens zu nutzen. Angestrebt wird eine bessere Zusammenarbeit der Mitarbeiter von Unternehmen durch den wechselseitigen Transfer von Erfahrungen und Wissen.[67]

2.4 Klassische Theorien

Die Beziehungen zwischen dem Berufs- und dem Privatleben sind im Rahmen ver-
schiedener Modelle und Theorien beschrieben worden. Zwei dieser Modelle, die in
der Fachliteratur als „klassische Theorien" gelten, sollen im Folgenden kurz dargestellt und erläutert werden. Dabei handelt es sich zum einen um die von C. Clark
entwickelte Border Theorie und zum anderen um die so genannte Spillover Theorie.[68]

Die Border Theorie (Clark)

Die Border Theorie orientiert sich am Konzept der Feldtheorie des deutschen So-
zialpsychologen Kurt Lewin. Clark geht in ihrer Theorie davon aus, dass Menschen

---

[65] Vgl. Dorniok (2014), S. 56f.
[66] Quelle: Michalk/Nieder (2009), S. 79.
[67] Vgl. Giese (2013), S. 36f.
[68] Vgl. Rolle (2013), S. 46.

eigenverantwortlich handeln. Sie zeigt auf, wie Menschen die Grenzen zwischen ihren Lebensbereichen gestalten, um ein Gleichgewicht zwischen ihnen zu schaffen.[69] Clark hat die Ansicht, dass die Bereiche Arbeit (Erwerbsleben) und Familie
(Privatleben) zwei getrennte Lebensbereiche darstellen. Neben diesen beiden Domänen existieren im Modell von Clark einige weitere zentrale Bestandteile, nämlich: Grenzen zwischen diesen Bereichen, die Grenzgänger als Individuen, die
Grenzwächter und andere wichtige Mitglieder der jeweiligen Bereiche.[70] Die folgende Abbildung veranschaulicht in graphischer Form das Konzept der von Clark
entwickelten Border Theorie.

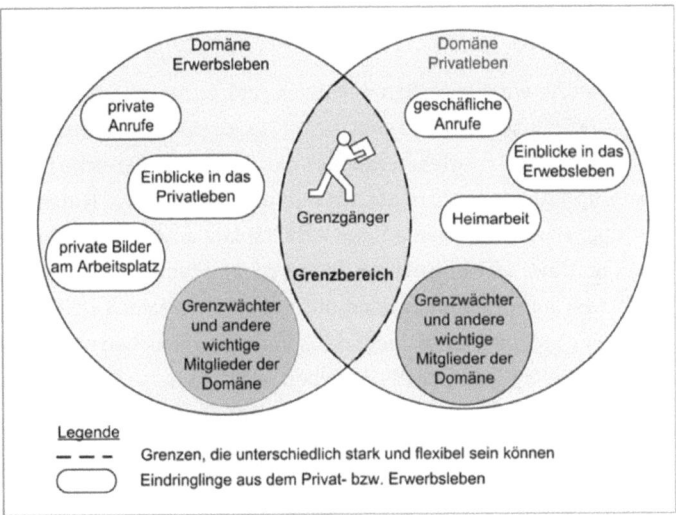

Abbildung 3: Die Border Theorie (Clark)[71]

Die Theorie beschäftigt sich hauptsächlich mit der Frage, wie Menschen sich zwischen den Lebensbereichen bewegen und wie sie durch verfügbare Ressourcen das
Erwerbsleben und Privatleben kombinieren können. Darüber hinaus beschreibt
die Theorie, wie es zu Spannungen zwischen den Lebensbereichen Arbeit und Familie kommen kann.[72] Die Grenzen zwischen diesen Bereichen können von dreifa-
cher Art sein; es kann sich nämlich um räumliche, zeitliche und psychologische
Grenzen handeln. Individuen können bestehende Grenzen leichter überwinden,

---

[69] Vgl. Zaugg (2006), S. 13.
[70] Vgl. Kruse (2009), S. 25.
[71] Quelle: Kruse (2009), S. 25.
[72] Vgl. Rolle (2013), S. 52f.

wenn in den anderen Domänen vergleichbare Bedingungen gegeben sind, wenn also beispielsweise die gleiche Sprache gesprochen wird. Als „Grenzgänger" werden in Clarks Modell Individuen bezeichnet, die sich zwischen den verschiedenen Domänen bewegen. Dagegen handelt es sich bei den „Grenzwächtern" zum Beispiel um Ehepartner oder Vorgesetzte von Mitarbeitern.[73] Lebensbereiche und Grenzverläufe werden aber auch von den anderen Mitarbeitern beeinflusst. Allerdings haben sie einen eher geringen Einfluss auf das Verhalten der jeweiligen Grenzgänger. Eine ausgeglichene Work-Life-Balance kann nur erreicht werden, wenn die Mitglieder einer Domäne für die Mitglieder der jeweils anderen Domäne Verständnis zeigen.[74]

Die Spillover Theorie

Innerhalb der Theorie wird zwischen negativen und positiven Spillover Effekten unterschieden. Die Spillover Theorie geht davon aus, dass ein Zusammenhang zwischen Erwerbsarbeit und Privatleben existiert und sich beide Bereiche wechselseitig beeinflussen, und zwar sowohl in positiver als auch in negativer Hinsicht.[75] Konkret bedeutet dies etwa, Zufriedenheit am Arbeitsplatz auch zu Zufriedenheit im privaten Leben beiträgt, und umgekehrt. Entsprechend tendieren negative Erfahrungen (z. B. Stress) am Arbeitsplatz dazu, auch das private Leben zu beeinträchtigen.[76] Ein negativer Spillover Effekt liegt dann vor, wenn beispielsweise schlechte Erfahrungen am Arbeitsplatz in das Privatleben übertragen werden. Ein positiver Spillover Effekt hingegen tritt dann auf, wenn Arbeitnehmer positive Gefühle und Einstellungen der Arbeit auf den privaten Bereich übertragen.[77]

Die folgende Abbildung veranschaulicht die obigen Überlegungen.

---

[73] Vgl. Müller (2016), S. 78f.
[74] Vgl. Zaugg (2006), S. 15.
[75] Vgl. Rolle (2013), S. 49.
[76] Vgl. Kruse (2009), S. 23.
[77] Vgl. Müller (2016), S. 69.

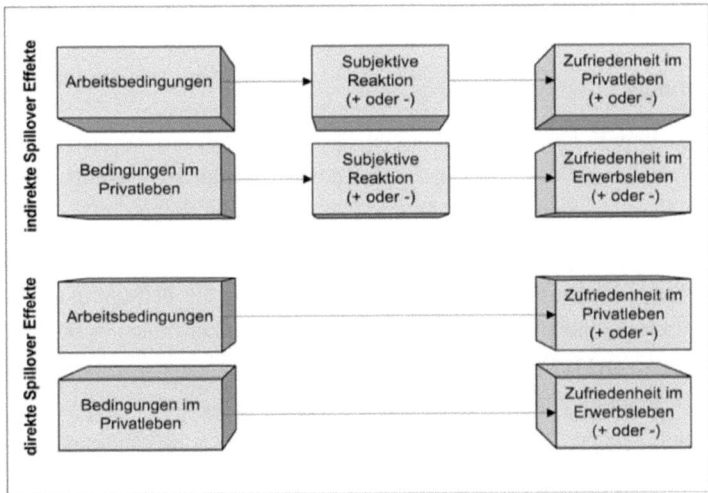

Abbildung 4: Die Spillover Theorie[78]

Ein gemeinsamer Mangel von Clarks Border Theorie und der Spillover Theorie ist, dass sie gesamtwirtschaftliche Zusammenhänge in der Arbeitswelt ignorieren und sie somit nicht alle relevanten Aspekte der Vereinbarkeit von Beruf und Familie erfassen.[79]

Im Weiteren wird es nun darum gehen, von einer empirischen Erhebung zum Komplex Work-Life-Balance zu berichten und die dabei gewonnenen Erkenntnisse darzulegen und zu interpretieren.

---

[78] Quelle: Kruse (2009), S. 23.
[79] Vgl. Rolle (2013), S. 61.

3 Empirische Erhebung zum Thema Work-Life-Balance

3.1 Methodik

Es erfolgte eine Befragung mit dem Ziel, die Mitarbeiterzufriedenheit im Hinblick auf die Work-Life-Balance zu erfassen. Festgestellt werden sollte somit, wie Berufstätige die Vereinbarkeit von Berufs- und Privatleben einschätzen.

Die Datengewinnung wurde überwiegend im Unternehmen (Vires Conferre GmbH) und auf Facebook durchgeführt. Auf Facebook wurde die Befragung an Freunde, Verwandte, Bekannte und Arbeitskollegen verteilt. Der Zeitraum der Befragung betrug drei Wochen (10.05.2017 – 31.05.2017). Der Fragebogen beinhaltet 15 Fragen mit zwei sogenannten Eisbrecherfragen und vier Angaben zur Person.

Bei der Datenerhebung unterscheidet man zwischen Primär- und Sekundärdaten. Bei der Sekundärforschung handelt es sich um die Beschaffung von bereits vorhandenen Daten. Dabei werden zwischen internen und externen Informationsquellen unterschieden. Interne Informationsquellen sind z.B. Umsatz- und Vertriebsstatistiken oder firmeneigene Dokumentationen. Als externe Informationsquellen der Sekundärforschung sind beispielweise Statistiken von fremden Unternehmen oder amtliche nationale Statistiken zu nennen.[80] Zur Datenerhebung wurden Primärdaten erhoben. Als Primärforschung bezeichnet man die erstmalige Gewinnung von Daten für eine spezielle Aufgabe im Unternehmen. Die Primärforschung wird auch als „field research" bezeichnet, da man die gewünschten Daten nur erheben kann, sofern man „ins Feld" geht.[81] Vorteilig an der Primärforschung ist, dass konkrete Fragestellungen im Unternehmen durch aktuelle Daten bearbeiten werden können. Ein wesentlicher Nachteil hingegen von Primärdaten ist, dass diese kosten- und zeitaufwändig sind.[82]

Die empirische Erhebung wurde in Form eines Fragebogens durchgeführt. Sie besteht aus zwei Teilen: einer schriftlichen Befragung und einer Online-Befragung. Die Online-Befragung erfolgte über das Portal www.umfrageonline.com. An der schriftlichen Befragung beteiligten sich 29 Personen, während bei der Online-Befragung 96 Personen mitwirkten. Insgesamt wurden somit 125 Personen nach ihrer Einschätzung der Vereinbarkeit von Berufs- und Privatleben befragt.

---

[80] Vgl. Kreutzer (2013), S. 74f.
[81] Vgl. Bormann/Hurth (2014), S. 243.
[82] Vgl. Kreis/Kuß/Wildner (2014), S. 36f.

Bei der schriftlichen Befragung sollte man darauf achten, dass diese nicht länger als zwanzig Minuten dauern sollte. Ansonsten drohen den Befragten Ermüdungserscheinungen und dadurch können die Ergebnisse des Fragebogens verfälscht werden.[83] Die schriftliche Befragung wurde an die Interviewten gebracht und anschließend wurde der ausgefüllte Fragebogen wieder eingesammelt. Durch die Abholung der Fragebögen liegt der Vorteil darin, dass eine geringere Ausfallquote als bei der reinen postalischen Variante entsteht.[84] Der Fragebogen wurde hauptsächlich mit geschlossen Fragen gestaltet. Bei geschlossenen Fragen sind die Antwortmöglichkeiten gegeben. Besonders für Umfragen mit großer Teilnehmerzahl eignen sich geschlossene Fragen und der Vorteil für die Befragten liegt darin, dass diese Fragen schnell und leicht beantwortet werden können.[85]

3.2 Auswertung des Fragebogens

1. Sind Sie in Ihrem Privatleben glücklich?

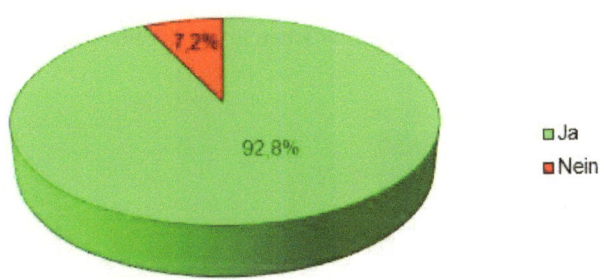

Abbildung 5: Sind Sie in Ihrem Privatleben glücklich?

Das vorliegende Kreisdiagramm zeigt, auf welche Weise die Befragten die erste so genannte „Eisbrecherfrage" beantworteten, mit der die Teilnehmer an das Thema herangeführt werden sollten. Wie die Graphik zeigt, sind 92,8 % der Befragten in ihrem Privatleben glücklich, 7,2 % dagegen nicht.

---

[83] Vgl. Adjouri (2014), S. 107f.
[84] Vgl. Klimpel/Schütte (2006), S. 4f.
[85] Vgl. Bortz/Döring (2006), S. 254.

2. Halten Sie persönlich die Work-Life-Balance (Vereinbarkeit von Berufs- und Privatleben) für wichtig?

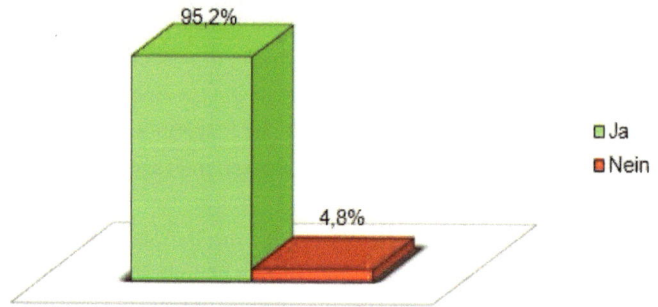

Abbildung 6: Halten Sie die Work-Life-Balance für wichtig?

Die Antworten auf die zweite Eisbrecherfrage sind im Säulendiagramm dargestellt. Demnach empfinden 95,2 % der Befragten die Work-Life-Balance als wichtig, während 4,8 % ihr keine Bedeutung beimessen.

3. Wie gut schätzen Sie die Balance zwischen Ihrem Arbeits- und Privatleben ein?

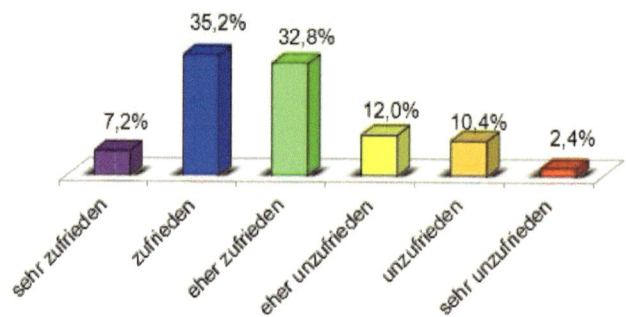

Abbildung 7: Wie gut schätzen Sie die Balance zwischen Ihrem Arbeits- und Privatleben ein?

Dem Säulendiagramm ist zu entnehmen, dass 35,2 % der Befragten mit der bei ihnen vorliegenden Balance zwischen Arbeits- und Privatleben zufrieden sind, während 32,8 % sagen, dass sie „eher zufrieden" sind. Lediglich 2,4 % der Befragten geben zu erkennen, dass sie mit dem Verhältnis zwischen Arbeitsleben und Privatleben „sehr unzufrieden" sind.

4. Stimmen Sie der folgenden Aussage zu?

„Ich bin bereit, mehr Zeit für das Privatleben gegen weniger Arbeitsstunden und weniger Gehalt einzutauschen."

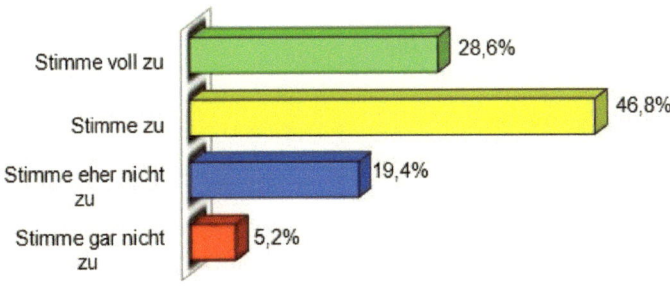

Abbildung 8: Privatleben vs. Gehalt

Aus dem Balkendiagramm geht hervor, dass 28,6 % der Aussage „voll zustimmen", während 46,8 % sich zustimmend äußern. Dagegen stimmen 19,4 % eher nicht zu, und 5,2 % der Befragten stimmen der Aussage gar nicht zu.

5. Bewerten Sie folgende Aussagen:

	trifft voll zu	trifft zu	Trifft eher nicht zu	trifft gar nicht zu
„Freizeit und Arbeit sollen strikt getrennt werden."	24,0 %	51,2 %	20,8 %	4,0 %
„Nach der Arbeit bin ich oft zu erschöpft, um privaten Verpflichtungen nachzukommen."	9,6 %	42,4 %	41,6 %	6,4 %
„Bei der Auswahl des Unternehmens ist mir wichtig, dass die Work-Life-Balance gefördert wird."	35,2 %	49,6 %	11,2 %	4,0 %

	trifft voll zu	trifft zu	Trifft eher nicht zu	trifft gar nicht zu
„Die Zeit, die ich mit privaten Aktivitäten verbringe, steht oft in Konflikt mit meinen beruflichen Verpflichtungen."	12,8 %	24,0 %	44,8 %	18,4 %
„Um eine Balance zwischen Arbeit und Privatleben herzustellen, plane ich meine Arbeitszeit bewusst."	16,0 %	47,2 %	30,4 %	6,4 %

Tabelle 1: Einschätzungen zu Arbeit und Freizeit

Aus dieser Tabelle werden nachfolgend die wichtigsten Aussagen zusammengefasst.

Bei der ersten Aussage, dass Freizeit und Arbeit strikt getrennt werden sollten, stimmen 51,2 % der Befragten zu. Der zweiten Aussage „Nach der Arbeit bin ich oft zu erschöpft, um privaten Verpflichtungen nachzukommen" stimmen 42,4 % zu und 41,6 % eher nicht zu. Den Antworten zur dritten Aussage ist zu entnehmen, dass 44,8 % eher nicht zustimmen, dass die Zeit, die mit privaten Aktivitäten verbracht wird, oft in Konflikt mit beruflichen Verpflichtungen steht. Bei der vierten Aussage stimmen 47,2 % zu, dass die Arbeitszeit bewusst geplant wird, um eine Balance zwischen Arbeit und Privatleben herzustellen.

6. Welche Angebote/Programme bietet Ihr Unternehmen zur Förderung der Vereinbarkeit von Arbeits- und Privatleben? (Mehrfachnennung möglich)

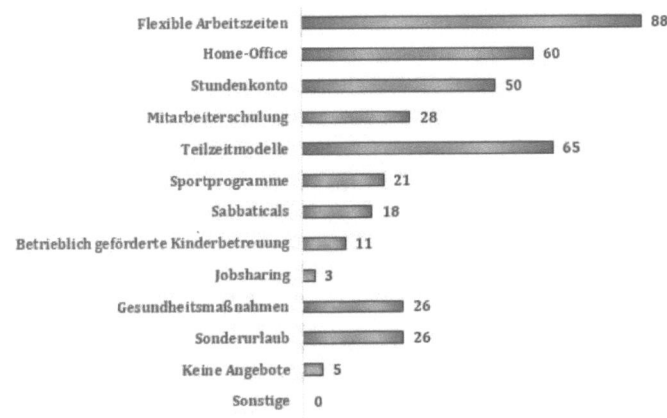

Abbildung 9: Vereinbarkeit von Arbeit und Privatleben

Aus dem Balkendiagramm geht hervor, dass 88 Personen flexible Arbeitszeiten, 65 Personen Teilzeitmodelle und 60 Personen Home-Office in ihrem Unternehmen zur Förderung der Vereinbarkeit von Arbeits- und Privatleben angeboten bekommen.

Lediglich 3 Personen haben Jobsharing als Programm in ihrem Betrieb. 5 Personen haben gar keine Angebote zur Förderung der Work-Life-Balance.

7. Welche Angebote/Programme sind Ihnen zur Förderung der Vereinbarkeit von Arbeits- und Privatleben wichtig?

	trifft voll zu	trifft zu	trifft eher nicht zu	trifft gar nicht zu
Flexible Arbeitszeiten	64,8 %	32,0 %	2,4 %	0,8 %
Home-Office	32,8 %	39,2 %	19,2 %	8,8 %
Stundenkonto	42,4 %	30,4 %	18,4 %	8,8 %

	trifft voll zu	trifft zu	trifft eher nicht zu	trifft gar nicht zu
Mitarbeiterschulung	22,4 %	35,2 %	32,8 %	9,6 %
Teilzeitmodelle	29,6 %	40,0 %	24,0 %	6,4 %
Sportprogramme	20,8 %	32,8 %	28,8 %	17,6 %
Sabbaticals	15,2 %	35,2 %	36,8 %	12,8 %
Betrieblich geförderte Kinderbetreuung	15,2 %	30,4 %	34,4 %	20,0 %
Jobsharing	4,8 %	18,4 %	44,8 %	32,0 %
Gesundheitsmaßnahmen	26,4 %	40,0 %	24,00 %	9,6 %
Sonderurlaub	30,4 %	36,8 %	20,0 %	12,8 %

Tabelle 2: Angebote zur Vereinbarkeit von Berufs- und Privatleben

Aus dieser Tabelle werden nachfolgend die wichtigsten Punkte zusammengefasst.

Von den Befragten stimmen 64,8 % der These voll zu, dass flexible Arbeitszeiten zur Förderung der Vereinbarkeit von Arbeits- und Privatleben wichtig ist. Dagegen stimmen 39,2 % zu, dass das Home-Office wichtig ist, während 42,4 % der Aussage voll zustimmen, dass das Stundenkonto wichtig ist. Andererseits stimmen 35,2 % zu, dass die Mitarbeiterschulung wichtig ist. Von den Befragten stimmen 40,0 % zu, dass die Teilzeitmodelle wichtig sind und 32,8 % stimmen zu, dass Sportprogramme wichtig zur Förderung der Work-Life-Balance sind. Der These, dass Sabbaticals wichtig sind, stimmen 36,8 % eher nicht zu, während 34,4 % der Aussage eher nicht zustimmen, dass betrieblich geförderte Kinderbetreuung wichtig ist. Knapp die Hälfte der Befragten, nämlich 44,8 % stimmen der These eher nicht zu, dass Jobsharing wichtig ist für ein ausgewogenes Verhältnis zwischen Berufsleben und Privatleben ist. Andererseits stimmen 40,0 % zu, dass Gesundheitsmaßnahmen wichtig sind. Schließlich stimmen 36,8 % der Aussage zu, dass Sonderurlaub ein wichtiges Instrument zur Förderung der Vereinbarkeit von Arbeits- und Privatleben ist.

8. Was sind Ihre beruflichen Ziele? (Mehrfachnennung möglich)

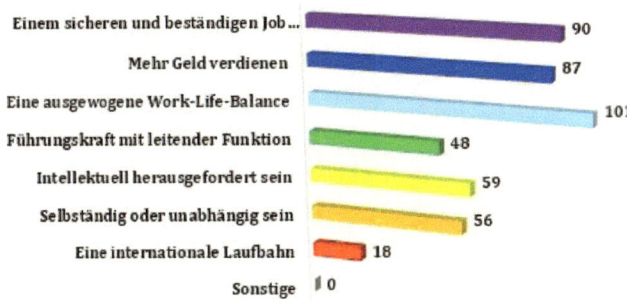

Abbildung 10: Berufliche Ziele

Dem Balkendiagramm ist zu entnehmen, dass 101 Personen als berufliches Ziel eine ausgewogene Work-Life-Balance angeben. 90 Personen wollen einem sicheren und beständigen Job nachgehen, und 87 Personen wollen in ihrem Beruf mehr Geld verdienen. Lediglich 18 Personen wollen eine internationale Laufbahn einschlagen.

9. Wie schaffen Sie den Ausgleich zum Beruf? (Mehrfachnennung möglich)

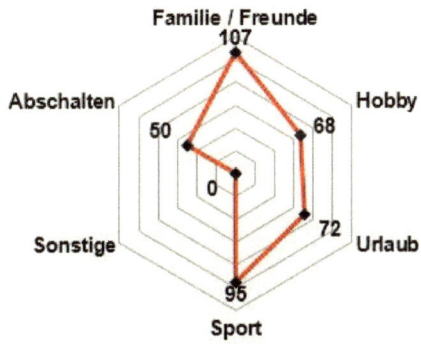

Abbildung 11: Ausgleich zum Beruf

Die Grafik gibt Auskunft darüber, wie der Ausgleich zum Beruf geschafft wird. Für 107 Personen gilt, dass sie durch Familie/Freunde einen Ausgleich zum Beruf herstellen, während 95 Personen dies durch Sport erreichen.

10. Womit sind Sie in Ihrer Arbeitssituation nicht zufrieden?
(Mehrfachnennung möglich)

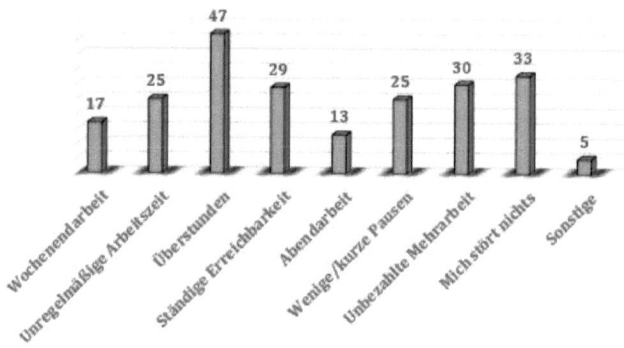

Abbildung 12: Unzufriedenheit mit der Arbeitssituation

Das Säulendiagramm zeigt, dass 47 Personen mit Überstunden, 30 Personen mit unbezahlter Mehrarbeit und 29 Personen mit ständiger Erreichbarkeit in ihrer Arbeitssituation nicht zufrieden sind. Für 33 Personen gilt, dass sie sich in ihrer Arbeit durch nichts gestört fühlen. Schließlich gaben 5 Personen in der Kategorie „Sonstiges" Folgendes an: Fehlende Führungsverantwortung, unterbesetzte Abteilung, nicht genügend Wertschätzung auf der Arbeit, Arbeitsklima, Monotonie.

11. Was halten Sie von der Möglichkeit, sich die tägliche Arbeitszeit (Arbeitsbeginn, – pause und – ende) selbst einteilen zu können?

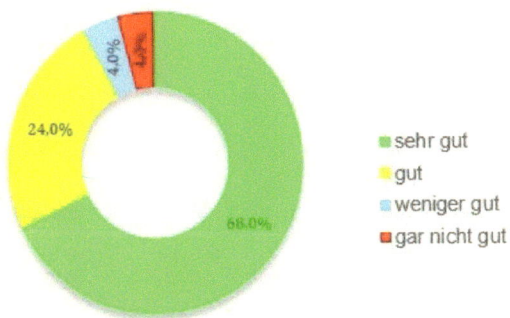

Abbildung 13: Einteilung der Arbeitszeit

Aus dem Kreisdiagramm geht hervor, dass 68,0 % die Möglichkeit der individuellen Gestaltung ihrer Arbeitszeiten sehr gut und 24,0 % gut finden. Dagegen finden 4,0 % aller Befragten diese Möglichkeit entweder weniger gut bzw. gar nicht gut.

12. Sie sind welchen Geschlechts?

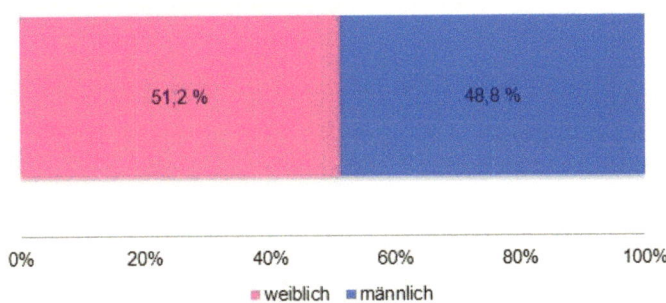

Abbildung 14: Geschlecht der Befragten

Das Schaubild gibt Auskunft über das Geschlecht der Befragten.

Von den Befragten sind 51,2 % weiblich und 48,8 % männlich.

13. Wie alt sind Sie?

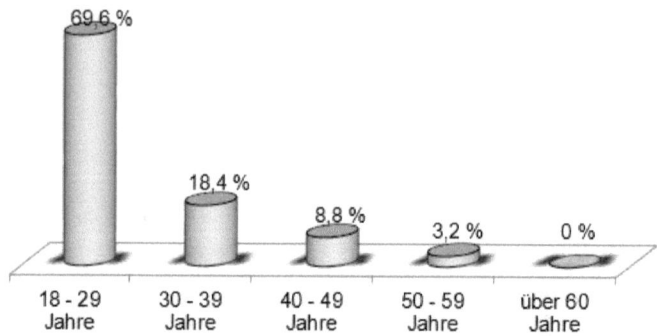

Abbildung 15: Geschlecht der Befragten

Dem Säulendiagramm ist zu entnehmen, dass der Großteil der Befragten zwischen 18 und 29 Jahre alt ist (69,6 %). Ein sehr geringer Teil der Befragten ist zwischen 50 und 59 Jahre alt (3,2 %) und keiner der Befragten ist über 60 Jahre alt.

14. Ihr Berufsstand ist?

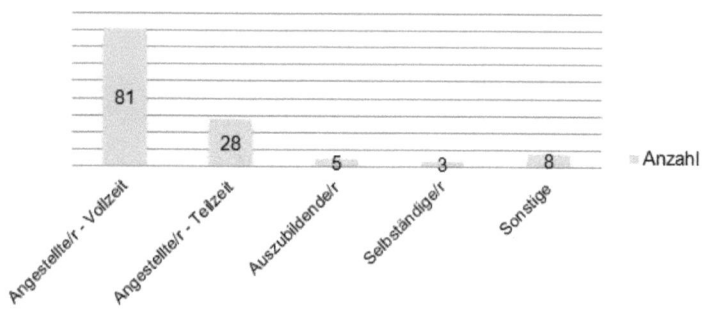

Abbildung 16: Berufsstand der Befragten

Bei der Mehrheit der Befragten (81 Personen) handelt es sich um Angestellte in Vollzeit. Es folgen Angestellte in Teilzeit (28 Personen). Der Kategorie „Sonstige" gehören 8 Personen an, bei denen es sich um Praktikanten bzw. Praktikantinnen handelt.

15. Ihr höchster Schulabschluss ist?

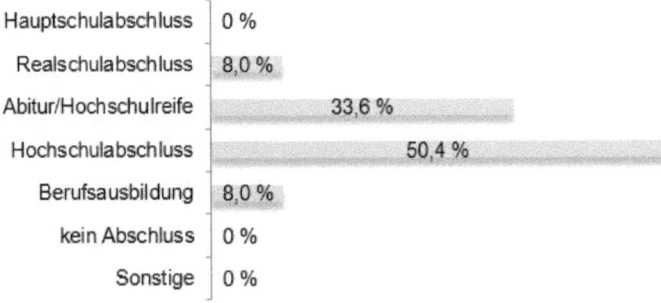

Abbildung 17: Schulabschluss der Befragten

Aus der Graphik geht hervor, dass die Mehrzahl der Befragten (50,4 %) über einen Hochschulabschluss verfügt, wohingegen 33,6 % die Hochschulreife nachweisen kann. Keiner der Befragten hat einen Hauptschulabschluss oder keinen Abschluss.

3.3 Handlungsempfehlung

In den Ausführungen dieses Abschnitts soll es darum gehen, Handlungsempfehlungen zu geben, deren Umsetzung zu einem ausgewogeneren Verhältnis von Berufsleben und Privatleben beitragen könnte. Den Hintergrund dieser Empfehlungen bildet eine Analyse und Interpretation der Auskünfte und Statements jener Arbeitnehmerinnen und Arbeitnehmer, die an der Befragung teilgenommen haben.

Zunächst ist anhand der Antworten auf die zweite „Eisbrecherfrage" zu erkennen, dass 95,2 % der Befragten die Work-Life-Balance für wichtig halten, während lediglich 4,8 % ihr keine Bedeutung beimessen. Zweifelsfrei spielt also die Vereinbarkeit von Berufsleben und Privatleben für eine deutliche Mehrheit eine sehr große Rolle. Entsprechend sind Unternehmen gut beraten, über effektive Maßnahmen zur Schaffung einer Work-Life-Balance nachzudenken.

Bei der Auswertung der Befragungsergebnisse zeigt sich, dass ein Großteil der Mitarbeiter mit der Balance zwischen Arbeits- und Privatleben zufrieden (35,2 %) bzw. eher zufrieden (32,8 %) ist. Lediglich 2,4 % der Befragten sind mit dem bei ihnen bestehenden Verhältnis von Arbeits- und Privatleben sehr unzufrieden. Die Handlungsempfehlung, die sich aus diesem Befund ableiten lässt, ist, dass auch zukünftig die Work-Life-Balance in und von den Unternehmen ernst genommen und gefördert wird, um qualifiziertes Personal langfristig an das Unternehmen zu binden. Eine langfristige Mitarbeiterbindung kann u. a. dadurch erreicht werden, dass den Mitarbeitern die Chance geboten wird, ihren beruflichen und privaten Interessen und Verpflichtungen möglichst stressfrei nachzukommen. Grundsätzlich sollten regelmäßige Evaluierungen durchgeführt werden, um die Zufriedenheit der Mitarbeiter über längere Zeiträume hinweg festzustellen bzw. zu gewährleisten.

In der Befragung hat sich zudem gezeigt, dass ein Großteil der Teilnehmer bereit ist, mehr Zeit für das Privatleben gegen weniger Arbeitsstunden und weniger Gehalt einzutauschen. Der entsprechenden vorgegebenen Aussage stimmten 28,6 % „voll" zu, während 46,8 % Ihre Zustimmung bekundeten. Die heutige Gesellschaft hat den Wunsch das Leben zu genießen und verzichtet bewusst auf mehr Geld. Eine Handlungsempfehlung, die aus diesem Ergebnis abgeleitet werden könnte, ist, dass Unternehmen mehr Programme zur Freizeitgestaltung anbieten. Dies könnte etwa dadurch erfolgen, dass Fitnessräume eingerichtet oder Kicker-Tische, Tischtennisplatten o. Ä. aufgestellt werden. damit sich die Mitarbeiter an ihrem Arbeitsplatz wohl fühlen und die Teamarbeit gestärkt wird. Zufriedene Mitarbeiter sprechen positiv über ihren Arbeitgeber. Dies wiederum kann das Image des Unternehmens positiv beeinflussen und dazu beitragen, dass das Unternehmen für qualifizierte Arbeitskräfte attraktiv wird.

Ein weiteres Resultat der Befragung ist, dass die Work-Life-Balance für viele Arbeitnehmer ein wichtiges Kriterium ist, wenn es darum geht, sich für oder gegen ein Unternehmen zu entscheiden. Einer entsprechenden vorgegebenen Feststellung stimmten 49,6 % der Befragten zu. Außerdem geben 101 befragte Personen an, dass ihr berufliches Ziel eine ausgewogene Work-Life-Balance sei. Für die Personalpolitik der Unternehmen bedeutet dies, das Potential und die enorme Relevanz von Work-Life-Balance-Strategien zu erkennen. Eine Möglichkeit dazu ist, in Stellenanzeigen oder bei anderen Gelegenheiten auf vorhandene betriebliche Work-Life-Balance-Maßnahmen aufmerksam zu machen, um im Wettbewerb um neue Leistungsträger bestehen zu können.

Bezogen auf die Frage, welche betrieblichen Maßnahmen zur Förderung der Vereinbarkeit von Arbeits- und Privatleben geeignet seien, stimmten 64,8 % der Befragten der Aussage voll zu, dass flexible Arbeitszeiten hierfür geeignet seien. Dagegen stimmten nur 4,8 % der der Feststellung voll zu, dass Jobsharing ein probates Instrument ist. Die aus diesem Befund ableitbare Handlungsempfehlung ist eindeutig: Unternehmen sollten durch flexible Arbeitszeiten ihren Beitrag zu einer Work-Life-Balance auf Seiten ihrer Belegschaft leisten. Diese Maßnahme kann das

Arbeitsklima positiv beeinflussen und in der Folge zu weniger Fehlzeiten bei den Arbeitnehmern führen. Die Sympathie vieler Arbeitnehmer für flexible Arbeitszeiten wird durch den Befund bestätigt, dass 68,0 % der Befragten die Möglichkeit mit „sehr gut" bewerteten, sich die tägliche Arbeitszeit (Arbeitsbeginn, – pause und – ende) selbst einteilen zu können. Es muss späteren Untersuchungen vorbehalten bleiben, die Gründe dafür zu erforschen, warum betriebliche Maßnahmen wie „betrieblich geförderte Kinderbetreuung" (11 Personen) und „Jobsharing" (3 Personen) nur wenig Zuspruch durch die Befragten erfahren.

Von den Befragten gaben 95 Teilnehmer an, dass sportliche Aktivitäten für sie ein geeignetes Mittel seien, um einen Ausgleich zum Beruf zu schaffen. Entsprechend kann Unternehmen empfohlen werden, Vergünstigungen bei öffentlichen Sport-Studios für ihre Mitarbeiter auszuhandeln oder durch Betriebssportangebote dem Interesse der Mitarbeiter an sportlicher Betätigung zu entsprechen.

Auf die Frage „Womit sind Sie in Ihrer Arbeitssituation nicht zufrieden?" antworteten 47 Personen mit einem Hinweis auf Überstunden. Dagegen gaben 29 Personen an, dass sie sich durch ständige Erreichbarkeit in ihrer Arbeitssituation gestört fühlen. Viele Unternehmen erwarten, dass aufgrund der bestehenden modernen Technologien (Handy, PC) ihre Mitarbeiter ständig am Arbeitsplatz erreichbar sind. Um den Stress für die Mitarbeiter zu verringern, sollten Unternehmen durch geeignete betriebliche Maßnahmen die Work-Life-Balance optimieren. Zu diesen Maßnahmen sollten die Reduzierung von Überstunden sowie der Verzicht darauf gehören, dass Mitarbeiter permanent erreichbar sind. Es kann angenommen werden, dass dadurch Mitarbeiter langfristig und nachhaltig erholter wirken, was letztlich auch zu einer Steigerung der Arbeitsproduktivität führen wird. Im optimalen Fall entsteht so eine „Win-Win-Situation" für alle Beteiligten: Während die Mitarbeiter ihre beruflichen und privaten Interessen und Ziele vereinbaren können, eröffnet sich den Unternehmen durch entsprechende betriebliche Maßnahmen die Möglichkeit, das Potenzial ihrer qualifizierten Fachkräfte optimal zu nutzen.

Diese Empfehlungen sollten aufgrund der geringen Zahl der Befragten jedoch eher vorsichtig interpretiert werden. Grundsätzlich ist jede Statistik kritisch zu betrachten, bevor eine strategische Entscheidung zur Work-Life-Balance getroffen wird.

3.4 Kritische Würdigung

Die folgenden Ausführungen sind einer kritischen Würdigung der durchgeführten empirischen Erhebung gewidmet. Dabei sollen zunächst negative Sachverhalte thematisiert und reflektiert werden.

Kritisch hervorzuheben ist zunächst, dass der Altersdurchschnitt der Befragten nicht die durchschnittliche Altersstruktur der Deutschen widerspiegelt: Befragt wurden zu 69,6 % Personen im Alter zwischen 18 und 29 Jahren. Die zweitstärkste Gruppe waren Personen zwischen 30 und 39 Jahren. Sie machten 18,4 % der Teilnehmer aus. Berücksichtigt man, dass im Jahre 2010 die größte Altersgruppe in Deutschland von Personen im Alter zwischen 40 und 50 Jahre gestellt wurde (ca. 16,8 % der Gesamtbevölkerung), so muss eingeräumt werden, dass in der Befragung die in Deutschland bestehende Altersstruktur verfehlt wurde.[86] Zweifellos ist davon auszugehen, dass eine Einbeziehung der Einschätzung älterer Personen zum Thema Work-Life-Balance die Ergebnisse der Befragung verändern würde. Ein weiterer Schwachpunkt der Untersuchung ist, dass sie eine zu geringe und schwache Teststärke aufweist, da lediglich 125 Personen innerhalb von drei Wochen erfasst wurden. Jedoch sei an dieser Stelle darauf hingewiesen, dass die Aufgabenstellung für die vorliegende Arbeit vorsah, lediglich 50 Personen zu befragen. Insofern wurde die vorgegebene Probandenzahl deutlich übertroffen. Eine noch größere Anzahl an Personen zu befragen, hätte die Möglichkeiten der vorliegenden Untersuchung bei Weitem überfordert. Befragungen größerer Rangordnungen werden in der Regel von Instituten, nicht aber von Einzelpersonen durchgeführt. Nichtsdestoweniger ist im Verlauf der Arbeit die Erkenntnis gewachsen, dass es sinnvoll ist, bei einer weiteren empirischen Erhebung mehr Personen über einen längeren Befragungszeitraum zu erfassen, um die Aussagekraft der erzielten Ergebnisse zu erhöhen. Bedauerlich ist ferner, dass die Reaktionen der Online-Teilnehmer auf dem gewählten Online-Portal nur als Gesamtergebnis, nicht aber in individualisierter Form dargestellt werden konnten. Daraus ergibt sich das Problem, dass eine Kreuztabelle nicht erstellt werden konnte.

Ein positiver Aspekt der empirischen Erhebung ist die Benutzerfreundlichkeit des Online-Portals. Der Fragebogen konnte einfach und schnell erstellt werden. Es besteht die Möglichkeit der Wahl zwischen verschiedenen Fragetypen (Skalen, Raster,

---

[86] Vgl. http://www.bpb.de/wissen/X39RH6,0,0,Bev%F6lkerung_nach_Altersgruppen_und_Geschlecht.html (Stand: 01.08.2017, 13:37 Uhr)

Auswahlfragen) und die Auswertung erfolgt vollständig automatisch. Ein wesentlicher Vorteil des Online-Portals ist, dass die Erstellung eines Benutzerkontos für Studenten kostenlos ist. Zudem hat das Portal viele Zusatzoptionen, wie etwa die Pflichtbeantwortung ausgewählter Fragen. Positiv ist sicherlich auch, dass durch die garantierte Anonymität der Teilnehmer eine hohe Beteiligungsquote erzielt werden konnte. Bereits kurz nach der Veröffentlichung des Fragebogens lagen viele Ergebnisse vor. Im Unternehmen wurde man der Bitte zur Beantwortung der Fragebogen nicht zurückgewiesen und es wurde eine hohe Anzahl an Ergebnissen erzielt. Positiv anzumerken ist ferner, dass auf eine ausgewogene Verteilung der Geschlechter geachtet wurde: 51,2 % der Befragten waren weiblich, 48,8 % waren männlich. Diese Proportionierung spiegelt in etwa die Verteilung der Geschlechter in Deutschland wider: Im Jahr 2014 waren ca. 51 % der Bevölkerung weiblich und ca. 49 % männlich.[87] Abschließend sei hervorgehoben, dass eine hohe Anzahl der Befragten, nämlich 81 der insgesamt 125 Personen, in Vollzeit arbeiten. Zweifellos sind Arbeitnehmer in Vollzeit deutlich eher als beispielsweise Teilzeitkräfte in der Lage, sich über Möglichkeiten der Optimierung der Work-Life-Balance durch betriebliche Maßnahmen sachverständig zu äußern.

---

[87] Vgl. https://www.destatis.de/DE/ZahlenFakten/GesellschaftStaat/Bevoelkerung/Bevoelkerung.html (Stand: 01.08.2017, 14:12 Uhr)

4 Schlussbetrachtung

4.1 Zusammenfassung

Gegenstand der vorliegenden Arbeit war die so genannte Work-Life-Balance, also die Vereinbarkeit von Berufsleben und Privatleben. Zu erörtern war, welchen Einfluss diese Vereinbarkeit auf die Motivation von Arbeitnehmern hat.

Um diese Frage beantworten zu können, musste es in einem ersten Schritt um die Aufbereitung theoretischer Grundlagen gehen. Zu klären war: Was genau wird in der Fachliteratur unter dem Begriff Work-Life-Balance verstanden? Was veranlasst Unternehmen dazu, sich um eine Optimierung der Vereinbarkeit von Berufsleben und Privatleben zu bemühen und welche betrieblichen Maßnahmen werden zu diesem Zweck von ihnen eingesetzt? Schließlich wurde anhand zweier klassischer Modelle, nämlich der Border Theorie von C. Clark und der Spillover Theorie, relevante Aspekte der Work-Life-Balance aufgezeigt und erläutert.

Auf dem Hintergrund dieser theoretischen Darlegungen ging es sodann darum, über eine durchgeführte empirische Erhebung zu berichten, wie Mitarbeiter deutscher Unternehmen über die Vereinbarkeit von Berufsleben und Privatleben denken. Die dabei gewonnenen Ergebnisse bildeten die Grundlage für die Entwicklung und Unterbreitung von Handlungsempfehlungen für Unternehmen sowie für die Beantwortung der eingangs gestellten Leitfrage. In einer kritischen Würdigung wurden schließlich Stärken und Schwächen der bei der Befragung gewählten Erhebungsmethode aufgezeigt und erörtert.

Die zentralen Erkenntnisse, die in und mit der vorliegenden Untersuchung gewonnen wurden, lassen sich kurz folgendermaßen resümieren:

Für immer mehr Menschen spielt ein ausgewogenes Verhältnis von Berufsleben und Privatleben eine wichtige Rolle. Viele Unternehmen haben diesen Trend erkannt und versuchen, durch das Angebot diverser betrieblicher Maßnahmen für eine ausgewogene Work-Life-Balance bei ihren Mitarbeitern zu sorgen. Dies geschieht, weil den Unternehmen bewusst ist, dass sich diese Maßnahmen positiv auf die Zufriedenheit und Motivation der Mitarbeiter auswirken, was wiederum die Wahrscheinlichkeit einer langfristigen Bindung der Mitarbeiter an die Unternehmen erhöht. Eine solche Bindung insbesondere von Fachkräften ist aber eine wichtige Voraussetzung dafür, dass Unternehmen auch zukünftig im Wettbewerb bestehen können.

4.2 Ausblick

Bereits jetzt zeichnet sich ab, dass die Bedeutung einer ausgewogenen Work-Life-Balance von Arbeitnehmern für Unternehmen zukünftig noch weiter steigen wird Aufgrund des demografischen Wandels und der Veränderungen innerhalb der Arbeitswelt sind die Unternehmen einem erhöhten Wettbewerb um qualifiziertes Personal ausgesetzt. Bedingt durch die geringe Anzahl an Geburten sowie die stetig steigende Lebenserwartung wird die deutsche Gesellschaft zunehmend altern.[88] Entsprechend besteht eine der wichtigsten Aufgaben der Personalpolitik in Unternehmen darin, durch geeignete Maßnahmen die Vereinbarkeit von Berufs- und Privatleben in den kommenden Jahren und Jahrzehnten zu gewährleisten und zu optimieren. Dabei wird darauf zu achten sein, dass immer mehr die Interessen und Belange der Mitarbeiter im Fokus stehen.[89] In dem Maße, wie dies geschieht, werden Arbeitnehmer ihrerseits die Bereitschaft aufbringen, sich als Mitarbeiter langfristig an ihr Unternehmen zu binden. Die Unterbreitung familienfreundlicher Angebote zur Förderung der Vereinbarkeit von Berufs- und Privatleben kann somit ohne Übertreibung als ein Faktor für die Gestaltung einer erfolgreichen Zukunft deutscher Unternehmen angesehen werden.[90]

---

[88] Vgl. Thiele (2009), S. 119.
[89] Vgl. Aritürk (2013), S. 56.
[90] Vgl. Rolle (2013), S. 110.

5 Literaturverzeichnis

Adjouri, Nicholas: Alles was Sie über Marken wissen müssen: Leitfaden für das erfolgreiche Management von Marken, 2. Auflage, Wiesbaden 2014.

Aritürk, Fatos Seda: Kritische Betrachtung der Auswirkungen von Work-Life-Balance-Maßnahmen auf Unternehmen und Mitarbeiter, Hamburg 2013.

Bell, Daniel: Die nachindustrielle Gesellschaft, Frankfurt am Main/New York 1985.

Binninger, Michael: Life Balance als Chance gegen die demografische Entwicklung: eine Untersuchung hinsichtlich des gegenwärtigen Fachkräftemangels, Hamburg 2014.

Blahopoulou, Joanna: Work-Life-Balance-Maßnahmen: Luxus oder Notwendigkeit?: organisationale Unterstützung und ihre Auswirkungen, Mering/München 2012.

Bormann, Ingrid/Hurth, Joachim: Hersteller- und Handelsmarketing, Herne 2014.

Bortz, Jürgen/Döring, Nicola: Forschungsmethoden und Evaluation: für Human- und Sozialwissenschaftler, 4. Auflage, Berlin/Heidelberg 2006.

Collatz, Annelen/Gudat, Karin: Work-Life-Balance, Göttingen [u.a.] 2011.

Dorniok, Daniel: Vereinbarkeit von Beruf und Familie: Maßnahmen zur Work-Life-Balance und ihre Auswirkungen auf Unternehmen und Beschäftigte, Hamburg 2014.

Freier, Kerstin: Work-Life-Balance-Zielgruppenanalyse am Beispiel eines deutschen Automobilkonzerns, Frankfurt am Main [u.a.] 2005.

Giese, Johanna: Work-Life-Balance in Unternehmen: Erfolgsfaktor für Arbeitgeber und Arbeitnehmer?, Hamburg 2013.

Honeck, Katja: Work-Life-Balance: Konzept für betriebliche Kinderbetreuungsmaßnahmen, Hamburg 2014.

Kastner, Michael: Die Zukunft der Work Life Balance, in: Kastner, Michael (Hrsg.): Wie lassen sich Beruf und Familie, Arbeit und Freizeit miteinander vereinbaren?, Kröning 2004, S. 1-67.

Klimpel, Melanie/Schütte, Tina: Work-Life-Balance: eine empirische Erhebung, Mering/München 2006.

Kreis, Henning/Kuß, Alfred/Wildner, Raimund: Marktforschung: Grundlagen der Datenerhebung und Datenanalyse, 5. Auflage, Wiesbaden 2014.

Kreutzer, Ralf: Praxisorientiertes Marketing: Grundlagen - Instrumente - Fallbeispiele, 4. Auflage, Wiesbaden 2013.

Kühl, Detlev: Balanceorientierte Führung: Eine Modellableitung als zukünftiger Managementansatz, Diss., Universität Hamburg 2015.

Kruse, Marcel: Vereinbarkeit von Arbeit und Leben durch betriebliche Work-Life Balance Maßnahmen: schöne neue Arbeitswelt?, Hamburg 2009.

Michalk, Silke/Nieder, Peter: Erfolgsfaktor Work-Life-Balance, Weinheim 2007.

Michalk, Silke/Nieder, Peter: Modernes Personalmanagement, in: Michalk, Silke/Nieder, Peter (Hrsg.): Grundlagen, Konzepte, Instrumente, Weinheim 2009, S. 109-138.

Müller, Ute: Work-Life Balance Strategien von Nachwuchswissenschaftlern: eine empirische Analyse von Einflussfaktoren auf die Work-Life Balance Gestaltung in der Post-doc-Phase, Diss., Bergische Universität Wuppertal 2016.

Rolle, Stefanie: Work-Life-Balance als Zukunftsaufgabe: Personalbindung und Arbeitszufriedenheit im Kontext der Familienfreundlichkeit, Hamburg 2013.

Rudholzer, Benjamin: Work-Life-Balance zur Mitarbeiterbindung der Generation Y, Hamburg 2015.

Schneider, Kristina: Vereinbarkeit von Beruf und Familie: Work-Life-Balance als Erfolgsfaktor für Unternehmen?, Hamburg 2014.

Schnieder, Stefan: Work Life Balance in Unternehmen: Eine Chance im Wettbewerb um Fachkräfte, Hamburg 2013.

Spatz, Maren: Work-Life-Balance: junge Führungskräfte als Grenzgänger zwischen verschiedenen Lebensbereichen, Mering/München 2014.

Stor, Melanie: Work-Life-Balance Maßnahmen und Kosten-Nutzen Messung für Unternehmen: die Vereinbarkeit von Privat- und Berufsleben insbesondere bei weiblichen Führungskräften, Hamburg 2014.

Thiele, Sabrina: Work-Life-Balance zur Mitarbeiterbindung: eine Strategie gegen den Fachkräftemangel, Hamburg 2009.

Ulich, Eberhard/Wiese, Bettina S.: Life Domain Balance: Konzepte zur Verbesserung der Lebensqualität, Wiesbaden 2011.

Wanger, Susanne: Flexible Arbeitszeitmodelle, Hamburg 2006.

Wunderer, Rolf: Führung und Zusammenarbeit: eine unternehmerische Führungslehre, 3. Auflage, Neuwied 2000.

Zaugg, Robert J.: Work-Life Balance: Ansatzpunkte für den Ausgleich zwischen Erwerbs- und Privatleben aus individueller, organisationaler und gesellschaftlicher Sicht, Diskussionspapier Nr. 9, Wissenschaftliche Hochschule Lahr 2006.

Internet:

o.V: Bevölkerung nach Altersgruppen und Geschlecht, auf: Homepage der Bundeszentrale für politische Bildung, in: http://www.bpb.de/wissen/X39RH6,0,0,Bev%F6lkerung_nach_Altersgruppen_und_Geschlecht.html, 01.08.2017, 13:37 Uhr.

o.V.: Bevölkerung auf Grundlage des Zensus 2014, auf: Homepage des statistischen Bundesamtes, in: https://www.destatis.de/DE/ZahlenFakten/GesellschaftStaat/Bevoelkerung/Bevoelkerung.html, 01.08.2017, 14:12 Uhr.

Anhang: Fragebogen zur Work-Life-Balance

Sehr geehrte Teilnehmerin, sehr geehrter Teilnehmer

Im Rahmen meiner Praktikumsarbeit führe ich eine Umfrage zum Thema „Work-Life-Balance – Vereinbarkeit von Berufs- und Privatleben" durch.

Diese Befragung verfolgt das Ziel, die Mitarbeiterzufriedenheit im Hinblick auf Work Life Balance zu erfassen, also der Vereinbarkeit von Berufs- und Privatleben und bezieht sich somit nur auf Berufstätige.

An dieser Stelle sei ausdrücklich darauf hingewiesen, dass diese Befragung absolut anonym ist.

Bitte nehmen Sie sich die Zeit (ca. 5 min), die 11 Fragen und 4 Angaben zur Person so offen und ehrlich wie möglich zu beantworten.

Vielen Dank für die Teilnahme und viel Spaß beim Ausfüllen.

1. Sind Sie in Ihrem Privatleben glücklich?

- ◯ ja
- ◯ nein

2. Halten Sie persönlich die Work-Life-Balance (Vereinbarkeit von Berufs- und Privatleben) für wichtig?

- ◯ ja
- ◯ nein

3. Wie gut schätzen Sie die Balance zwischen Ihrem Arbeits- und Privatleben ein?

- ☐ sehr zufrieden
- ☐ zufrieden
- ☐ eher zufrieden
- ☐ eher unzufrieden
- ☐ unzufrieden
- ☐ sehr unzufrieden

4. Stimmen Sie der folgenden Aussage zu?

„Ich bin bereit, mehr Zeit für das Privatleben gegen weniger Arbeitsstunden und weniger Gehalt einzutauschen."

☐ stimme voll zu

☐ stimme zu

☐ stimme eher nicht zu

☐ stimme gar nicht zu

5. Bewerten Sie folgende Aussagen:

	trifft voll zu	trifft zu	trifft eher nicht zu	trifft gar nicht zu
„Freizeit und Arbeit sollen strikt getrennt werden."	○	○	○	○
„Nach der Arbeit bin ich oft zu erschöpft, um privaten Verpflichtungen nachzukommen."	○	○	○	○
„Bei der Auswahl des Unternehmens ist mir wichtig, dass die Work-Life-Balance gefördert wird."	○	○	○	○
„Die Zeit, die ich mit privaten Aktivitäten verbringe, steht oft in Konflikt mit meinen beruflichen Verpflichtungen."	○	○	○	○
„Um eine Balance zwischen Arbeit und Privatleben herzustellen, plane ich meine Arbeitszeit bewusst."	○	○	○	○

6. Welche Angebote/Programme bietet Ihr Unternehmen zur Förderung der Vereinbarkeit von Arbeits- und Privatleben?

(Mehrfachnennung möglich)

- [ ] Flexible Arbeitszeiten
- [ ] Home-Office (Möglichkeit von zu Hause zu arbeiten)
- [ ] Stundenkonto (Überstunden als Zeitausgleich)
- [ ] Mitarbeiterschulung (z.B. Stressbewältigung, Zeitmanagement)
- [ ] Teilzeitmodelle (z.B. Halbtagsbeschäftigung)
- [ ] Sportprogramme (z.B. Zugang zu einem Fitnessstudio)
- [ ] Sabbaticals (längere Auszeit)
- [ ] Betrieblich geförderte Kinderbetreuung
- [ ] Jobsharing (zwei Arbeitnehmer teilen sich ein Arbeitsplatz)
- [ ] Gesundheitsmaßnahmen
- [ ] Sonderurlaub
- [ ] Keine Angebote
- [ ] Sonstige

7. Welche Angebote/Programme sind Ihnen zur Förderung der Vereinbarkeit von Arbeits- und Privatleben wichtig?

	trifft voll zu	trifft zu	trifft eher nicht zu	trifft gar nicht zu
Flexible Arbeitszeiten	○	○	○	○
Home-Office	○	○	○	○
Stundenkonto	○	○	○	○
Mitarbeiterschulung	○	○	○	○
Teilzeitmodelle	○	○	○	○
Sportprogramme	○	○	○	○
Sabbaticals	○	○	○	○
Betrieblich geförderte Kinderbetreuung	○	○	○	○
Jobsharing	○	○	○	○
Gesundheitsmaßnahmen	○	○	○	○
Sonderurlaub	○	○	○	○

8. Was sind Ihre beruflichen Ziele? (Mehrfachnennung möglich)

- ☐ Einem sicheren und beständigen Job nachgehen
- ☐ Mehr Geld verdienen
- ☐ Eine ausgewogene Work-Life-Balance
- ☐ Führungskraft mit leitender Funktion
- ☐ Intellektuell herausgefordert sein
- ☐ Selbständig oder unabhängig sein
- ☐ Eine internationale Laufbahn
- ☐ Sonstige [   ]

9. Wie schaffen Sie den Ausgleich zum Beruf? (Mehrfachnennung möglich)

- ☐ Sport
- ☐ Abschalten
- ☐ Urlaub
- ☐ Hobby
- ☐ Familie/Freunde
- ☐ Sonstige [   ]

10. Womit sind Sie in Ihrer Arbeitssituation nicht zufrieden? (Mehrfachnennung möglich)

☐ Wochenendarbeit

☐ Unregelmäßige Arbeitszeit

☐ Überstunden

☐ Ständige Erreichbarkeit

☐ Abendarbeit

☐ Wenige/kurze Pausen

☐ Unbezahlte Mehrarbeit

☐ Mich stört nichts

☐ Sonstige _____

11. Was halten Sie von der Möglichkeit, sich die tägliche Arbeitszeit (Arbeitsbeginn, – pause und – ende) selbst einteilen zu können?

☐ sehr gut

☐ gut

☐ weniger gut

☐ gar nicht gut

12. Sie sind welchen Geschlechts?

◯ weiblich

◯ männlich

13. Wie alt sind Sie?

○ 18 – 29 Jahre

○ 30 – 39 Jahre

○ 40 – 49 Jahre

○ 50 – 59 Jahre

○ über 60 Jahre

14. Ihr Berufsstand ist?

○ Angestellte/r - Vollzeit

○ Angestellte/r - Teilzeit

○ Auszubildende/r

○ Selbständige/r

○ Sonstige

15. Ihr höchster Schulabschluss ist?

○ Hauptschule

○ Realschule

○ Abitur/Hochschulreife

○ Berufsausbildung

○ Hochschulabschluss

○ Kein Abschluss

○ Sonstige